Klaus-Jürgen Wittig

China

Bilder aus dem
Reich der Mitte

Bibliografische Information der Deutschen Nationalbibliothek
Die Deutsche Nationalbibliothek verzeichnet diese Publikation in der
Deutschen Nationalbibliografie; detaillierte bibliografische Daten sind im
Internet über www. dnb.d-nb.de abrufbar.

Impressum:
Alle Rechte vorbehalten
© 2015 Klaus-Jürgen Wittig Berlin; www.kjwittig.de
Herstellung und Verlag: BoD - Books on Demand, Norderstedt
ISBN 978-3-7347-8904-5

Memo
Kalender
2016

Peking, Kaiserstadt I 2015, 30x40cm

Verboten die Stadt der Kaiser
Und
Eintausend Paläste
Und
Eintausend Konkubinen
Fünfhundert Jahre wie ein Tag

Dezember/Januar

Mo	21		52
Di	22		
Mi	23		
Do	24	Heiligabend	
Fr	25	1. Weihnachtstag	
Sa	26	2. Weihnachtstag	
So	27		
Mo	28		53
Di	29		
Mi	30		
Do	31	Silvester	
Fr	1	Neujahr	
Sa	2		
So	3		

Peking, Lama-Tempel 2015, 40x30cm

Januar

Mo	4		1
Di	5		
Mi	6	Heilige Drei Könige	
Do	7		
Fr	8		
Sa	9		
So	10		
Mo	11		2
Di	12		
Mi	13		
Do	14		
Fr	15		
Sa	16		
So	17		

Peking, Kaiserstadt II 2015, 40x30cm

Januar

Mo	18	3
Di	19	
Mi	20	
Do	21	
Fr	22	
Sa	23	
So	24	
Mo	25	4
Di	26	
Mi	27	
Do	28	
Fr	29	
Sa	30	
So	31	

Peking, Große Mauer I 2015, 40x30cm

Februar

Mo	1		5
Di	2		
Mi	3		
Do	4		
Fr	5		
Sa	6		
So	7		
Mo	8	Rosenmontag	6
Di	9	Fastnacht	
Mi	10	Aschermittwoch	
Do	11		
Fr	12		
Sa	13		
So	14	Valentinstag	

Peking, Kaiserstadt III 2015, 36x48cm

Farbendominanz
Das kaiserliche Gelb
Und Blau
Und Grün
DämonenabwehrTiere
Auf den Dächern
Und
Türschwellen gegen böse Geister

Februar

Mo	15		7
Di	16		
Mi	17		
Do	18		
Fr	19		
Sa	20		
So	21		
Mo	22		8
Di	23		
Mi	24		
Do	25		
Fr	26		
Sa	27		
So	28		

Peking, Himmelstempel I 2015, 48x36cm

Februar/März

Mo	29	9
Di	1	
Mi	2	
Do	3	
Fr	4	
Sa	5	
So	6	
Mo	7	10
Di	8	
Mi	9	
Do	10	
Fr	11	
Sa	12	
So	13	

Peking, Himmelstempel II 2015, 48x36cm

März

Mo	14	11
Di	15	
Mi	16	
Do	17	
Fr	18	
Sa	19	
So	20	
Mo	21	12
Di	22	
Mi	23	
Do	24	Gründonnerstag
Fr	25	Karfreitag
Sa	26	
So	27	Ostersonntag

Peking, Kaiserstadt IV 2015, 40x30cm

März/April

Mo	28	Ostermontag	13
Di	29		
Mi	30		
Do	31		
Fr	1		
Sa	2		
So	3		
Mo	4		14
Di	5		
Mi	6		
Do	7		
Fr	8		
Sa	9		
So	10		

Peking, Lampion I 2015, 48x36cm

April

Mo	11	15
Di	12	
Mi	13	
Do	14	
Fr	15	
Sa	16	
So	17	
Mo	18	16
Di	19	
Mi	20	
Do	21	
Fr	22	
Sa	23	
So	24	

Peking, Große Mauer II 2015, 48x36cm

April/Mai

Mo	25		17
Di	26		
Mi	27		
Do	28		
Fr	29		
Sa	30		
So	1	Tag der Arbeit	
Mo	2		18
Di	3		
Mi	4		
Do	5	Christi Himmelfahrt	
Fr	6		
Sa	7		
So	8		

Peking, Kaiserstadt V 2015, 48x36cm

Mai

Mo	9		19
Di	10		
Mi	11		
Do	12		
Fr	13		
Sa	14		
So	15	Pfingstsonntag	
Mo	16	Pfingstmontag	20
Di	17		
Mi	18		
Do	19		
Fr	20		
Sa	21		
So	22		

Peking, Lampion II 2015, 40x30cm

Mai/Juni

Mo	23		21
Di	24		
Mi	25		
Do	26	Fronleichnam	
Fr	27		
Sa	28		
So	29		
Mo	30		22
Di	31		
Mi	1		
Do	2		
Fr	3		
Sa	4		
So	5		

Chongqing, Pipa- Shan- Park 2015, 36x48cm

Moderne Stadt am Fluss
Alte Bäume
Und Wasser
Und Fische im Park
Teehausstunde

Juni

Mo	6	23
Di	7	
Mi	8	
Do	9	
Fr	10	
Sa	11	
So	12	
Mo	13	24
Di	14	
Mi	15	
Do	16	
Fr	17	
Sa	18	
So	19	

Yangzi I 2015, 30x40cm

Träge Wasser
Wechselbäder am Yangzi
Eilige Städte
Zurückbleibende Dörfer
Rote Lampen im Fluss

Juni/Juli

Mo	20	25
Di	21	
Mi	22	
Do	23	
Fr	24	
Sa	25	
So	26	
Mo	27	26
Di	28	
Mi	29	
Do	30	
Fr	1	
Sa	2	
So	3	

Yangzi, Shinbaozhai-Pagode I 2015, 48x36cm

Juli

Mo	4	27
Di	5	
Mi	6	
Do	7	
Fr	8	
Sa	9	
So	10	
Mo	11	28
Di	12	
Mi	13	
Do	14	
Fr	15	
Sa	16	
So	17	

Yangzi II 2015, 36x48cm

Am Fluss die Pagode Shibaozhai
Zwölf Ebenen in den Himmel
Zu Buddha
Dem Erleuchteten

Juli

Mo	18	29
Di	19	
Mi	20	
Do	21	
Fr	22	
Sa	23	
So	24	
Mo	25	30
Di	26	
Mi	27	
Do	28	
Fr	29	
Sa	30	
So	31	

Yangzi III 2015, 36x48cm

Die Schluchten Qutang und Wu
Mit bunten Booten
Zu den Sargmenschen im Fels

August

Mo	1	31
Di	2	
Mi	3	
Do	4	
Fr	5	
Sa	6	
So	7	
Mo	8	32
Di	9	
Mi	10	
Do	11	
Fr	12	
Sa	13	
So	14	

Yangzi IV 2015, 36x48cm

Nachts in der Schleuse
Staudamm der Drei-Schluchten
Überschwemmung gebannt
Kultur verloren

August

Mo	15	Mariä Himmelfahrt	33
Di	16		
Mi	17		
Do	18		
Fr	19		
Sa	20		
So	21		
Mo	22		34
Di	23		
Mi	24		
Do	25		
Fr	26		
Sa	27		
So	28		

Yangzi, Shennong-Nebenflass mit Longxia-Schlucht I 2015, 48x36cm

August/September

Mo	29	35
Di	30	
Mi	31	
Do	1	
Fr	2	
Sa	3	
So	4	
Mo	5	36
Di	6	
Mi	7	
Do	8	
Fr	9	
Sa	10	
So	11	

Yangzi, Shibaozhai-Pagode II 2015, 40x30cm

September

Mo	12	37
Di	13	
Mi	14	
Do	15	
Fr	16	
Sa	17	
So	18	
Mo	19	38
Di	20	
Mi	21	
Do	22	
Fr	23	
Sa	24	
So	25	

Yangzi VI 2015, 30x40cm

Xiling-Schlucht mit Tempel am Ufer
Schiff liegt neben Schiff
Die FlussFahrt am Ende
Drachen steigen aus den Fluten

September/Oktober

Mo	26		39
Di	27		
Mi	28		
Do	29		
Fr	30		
Sa	1		
So	2		
Mo	3	Tag der Deutschen Einheit	40
Di	4		
Mi	5		
Do	6		
Fr	7		
Sa	8		
So	9		

Yangzi, Wu –Schlucht 2015, 48x36cm

Oktober

Mo	10	41
Di	11	
Mi	12	
Do	13	
Fr	14	
Sa	15	
So	16	
Mo	17	42
Di	18	
Mi	19	
Do	20	
Fr	21	
Sa	22	
So	23	

Shanghai, Altstadt I 2015, 40x30cm

Oktober/November

Mo	24		43
Di	25		
Mi	26		
Do	27		
Fr	28		
Sa	29		
So	30		
Mo	31	Reformationstag	44
Di	1	Allerheiligen	
Mi	2		
Do	3		
Fr	4		
Sa	5		
So	6		

Shanghai, Pudong 2015, 36x48cm

Der Fahrstuhl im Jin-Mao-Turm
Rasende Geschwindigkeit in WolkenkratzerHöhe
Pudong zu Füssen
Die Altstadt
Der Yu-Garten
Radetzky-Marsch zum Abschied

November

Mo	7	45
Di	8	
Mi	9	
Do	10	
Fr	11	
Sa	12	
So	13	
Mo	14	46
Di	15	
Mi	16	Buß- und Bettag
Do	17	
Fr	18	
Sa	19	
So	20	

Shanghai, Altstadt II 2015, 48x36cm

November/Dezember

Mo	21		47
Di	22		
Mi	23		
Do	24		
Fr	25		
Sa	26		
So	27	1. Advent	
Mo	28		48
Di	29		
Mi	30		
Do	1		
Fr	2		
Sa	3		
So	4	2. Advent	

Shanghai, Yu-Garten 2015, 40x30cm

Dezember

Mo	5		49
Di	6	Nikolaus	
Mi	7		
Do	8		
Fr	9		
Sa	10		
So	11	3. Advent	
Mo	12		50
Di	13		
Mi	14		
Do	15		
Fr	16		
Sa	17		
So	18	4. Advent	

Shanghai, Altstadt III 2015, 40x30cm

Dezember/Januar 2017

Mo	19		51
Di	20		
Mi	21		
Do	22		
Fr	23		
Sa	24	Heiligabend	
So	25	1. Weihnachtstag	
Mo	26	2. Weihnachtstag	52
Di	27		
Mi	28		
Do	29		
Fr	30		
Sa	31	Silvester	
So	1	Neujahr	

Xiang, Terracotta Armee

FarbMomente

Meine Malerei spiegelt unsere schnelllebige Zeit. Sie ist schnell, intuitiv, abstrahiert, minimalistisch, farbbetont. Sie stemmt sich zugleich dieser Schnelllebigkeit und Hast entgegen. Sie hebt Momente unserer Lebens-Welt heraus und hält sie fest – auch in ihrer Flüchtigkeit.

Der Fokus richtet sich auf die Natur, auf die Landschaft. Hier suche und finde ich meine Motive. Diese Auswahl geschieht sehr bewusst: Mal richtet sie sich auf eine „Gesamtheit" ein anderes Mal auf die Details. Die Jahreszeit, die Lichtverhältnisse, meine eigene Verfasstheit spielen eine Rolle. Nicht immer gelingt es mir, den Moment, den Ausschnitt so zu spiegeln, dass das Vergänglich-Flüchtige ebenso sichtbar wird, wie das Bewahrenswerte. Stimmung und innere Ausgeglichenheit (oder nicht) spielen eine Rolle.

Früher, in meinem Berufsleben als Techniker, schwankte das Niveau beträchtlich. Manche Bilder bezeugten mehr das Flüchtige, stellten sich dem Hastigen nicht entgegen und fielen der persönlichen Zensur anheim. Aber in Momenten der inneren Ruhe konnte ich den Augen-Blick im Wortsinn nutzen und ihn gestalten. Mein damaliges Lebensumfeld südlich der Alpen ermöglichte nicht wenige solcher Momente. Später, nach dem Berufsleben, wurde die Malerei zu einer selbstverständlichen Form meiner Lebensäußerung.

Begonnen habe ich mit kleinformatigen Federzeichnungen zu Reiseschilderungen. Später wurde das Format großflächig. Die Feder verschwand und wurde durch den Pinsel ersetzt, der immer größere Dimensionen annahm. Die Farbe bekam ein ganz neues Gewicht, aber auch das Spontane beim Malen. Zugleich wähle ich meine Objekte, Umwelt-Ausschnitte sehr sorgfältig aus, sitze dann zum Malen davor oder skizziere sie. Die Maltechnik die unverändert über die vielen Jahrzehnte zu mir und meinem Welt-Blick passt ist das Aquarell.

Seit längerem begleiten mich die entsprechenden Utensilien auf vielen Wanderungen und Reisen: sie sind gut transportabel. Im Notfall hilft das Foto beim Festhalten der Momentaufnahme am sicheren Ort.

Ich habe immer noch großen Respekt vor einem weißen Blatt Papier. Diesen Widerstand muss ich jedes Mal überwinden. Aber was sich dann entwickelt, hat mit dem Kopf nichts mehr zu tun. Das ist eine Zwiesprache zwischen dem Objekt und der Farbe. Dabei tritt das Objekt immer mehr in den Hintergrund.

Die Farbe dominiert und unterstreicht die abstrakte Form. Die kräftige Farbe wird mit energischen Pinselstrichen aufgetragen - nass auf trockenem Papier. Das Farbmischen findet auf dem Papier statt.

Es ist dann ein intuitives Malen aus dem Bauch heraus und findet auch so spontan sein jeweiliges Ende. Es entstehen minimalistische Momentaufnahmen, FarbMomente eben. Das sind aus meiner Sicht mehr als Abbilder unserer schnelllebigen Welt. Sie zeigen auch ihre Fragilität und Schutzbedürftigkeit.

Klaus-Jürgen Wittig

Geboren 1938 in Berlin. Aufgewachsen in Sachsen. Nach Jahren der Wanderschaft wieder an seinem Geburtsort angekommen.

Studium Technik Karl-Marx-Stadt, Design Paris, Wirtschaft Bad Harzburg.

Seit 1955 Fotografie, beruflich auch 1965-1993.

Seit 1960 Malerei, speziell Aquarell, dazu Ausstellungen im In- und Ausland. Malunterricht bei div. Malern. Studienfahrten in die Mittelmeerländer, in jüngster Zeit auch darüber hinaus.

Seit 1977 Publikationen Technik, Qualität, Management, Landeskunde, Malerei, Fotografie.

Seit 1999 Edition "DIE BLAUE REIHE" in Brixen/Südtirol, ab 2010 in Berlin.